ANNE SOHIER-FOURNEL

BRACELETS BRÉSILIENS

Photos de Frédéric Lucano
Stylisme de Sonia Lucano

MARABOUT

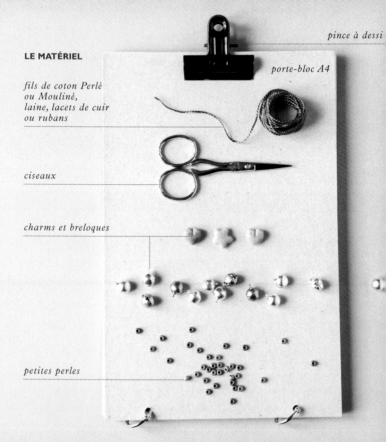

LE MATÉRIEL

pince à dessi

porte-bloc A4

*fils de coton Perlé
ou Mouliné,
laine, lacets de cuir
ou rubans*

ciseaux

charms et breloques

petites perles

COMMENCER UN BRACELET

1 ◆ Pliez les fils en deux pour déterminer le milieu.

2 ◆ Pour faire une tresse de 2,5 cm au milieu, posez un morceau d'adhésif à 1 cm du début de la tresse, collez sur un support et tressez.

3 ◆ Retirez l'adhésif, réunissez les deux extrémités de la tresse et faites un nœud.

4 ◆ Glissez votre boucle dans la pince de votre porte-bloc.

DOUBLE NŒUD ENDROIT

1 * Le fil de gauche passe devant le fil de droite, forme une boucle autour et ressort à gauche pour former un nœud.

2 * On fait le même geste pour doubler le nœud

3 * Après avoir fait le double nœud, le fil de gauche se retrouve à droite du nœud.

* Logo du double nœud endroit.
Il indique le sens du fil, de la gauche vers la droite.

3

2

3

DOUBLE NŒUD ENVERS

* Le fil de droite passe devant le fil de gauche,
forme une boucle autour et ressort à droite pour
former un nœud.

* On fait le même geste pour doubler le nœud.

* Après avoir fait le double nœud, le fil de droite
se retrouve à gauche du nœud.

* Logo du double nœud envers.

*Il indique le sens du fil, de la droite vers la
gauche.*

2

3

DOUBLE NŒUD ENDROIT-ENVERS

1 ✳ Le fil de gauche passe devant le fil de droite, forme une boucle autour et ressort à gauche pour faire un nœud. **2 ✳** Pour le deuxième nœud, le fil de gauche passe cette fois derrière le fil de droite, forme une boucle autour et ressort à gauche.
3 ✳ Le fil de gauche reste à la gauche du nœud.

✳ Logo du nœud endroit-envers.
Il indique le sens du fil de la gauche vers la droite puis de la droite vers la gauche.

DOUBLE NŒUD ENVERS-ENDROIT

1 ✳ Le fil de droite passe devant le fil de gauche, forme une boucle autour et ressort à droite pour faire un nœud. **2 ✳** Pour le deuxième nœud, le fil de droite passe cette fois derrière le fil de gauche, forme une boucle autour et ressort à droite.
3 ✳ Le fil de droite reste à la droite du nœud.

✳ Logo du nœud envers-endroit.
Il indique le sens du fil de la droite vers la gauche puis de la gauche vers la droite.

TERMINEZ UN BRACELET

1

Bracelet brésilien fermé par des nœuds simples, on ne peut plus l'enlever ensuite. La tradition dit qu'il faut commencer par faire un vœu puis fermer le bracelet. Le jour où il se casse, le vœu doit se réaliser !

2

Pour porter vos bracelets et les enlever facilement, il faut former une petite boucle tressée d'un côté du bracelet.

3

Quand votre bracelet est à la bonne longueur, séparez les fils en deux et faites deux tresses fermées par des nœuds.

ASTUCE

Pour connaître la mesure exacte pour votre poignet, tenez le bout de votre fil dans la main gauche, tendez votre bras bien droit à l'horizontale. Avec votre main droite, tirez sur le fil jusqu'à la pointe de votre épaule droite, comme si vous tiriez à l'arc. Cette longueur est comprise en général entre 80 et 100 cm. Doublez cette mesure et vous obtenez la longueur de fil qu'il vous faut, soit environ 180 cm, par couleur de fil.

LA TRESSE

LEÇON N° 1

La tresse est la technique la plus simple. Vous pouvez faire plein de petits bracelets à 3 fils et les réunir ensemble, ou bien tresser plusieurs fils par couleur pour que votre bracelet soit plus épais...

FOURNITURES

BRACELET BLEU
❋ 2 fils de coton Perlé DMC de 60 cm :
• bleu turquoise (807)
• bleu clair (809)
• violet (718)

BRACELET BLANC
❋ 3 fils de coton Perlé DMC de 60 cm blanc (B5200)
❋ 12 perles de 4 mm

BRACELET VIOLET
❋ 4 fils de coton Perlé DMC de 60 cm violet (718)
❋ 1 fil de coton Perlé DMC de 60 cm bleu turquoise (807)

LA TRESSE • LEÇON N° 1

Débutez en suivant les indications de la page 3.

1 * Séparez les fils en trois, par couleurs.

2 * Passez les fils de gauche sur les fils du milieu puis repassez les fils de droite par-dessus.

3 * Continuez à tresser les fils comme ils se présentent.

4 * Tressez-les sur la longueur nécessaire pour un poignet, 16 cm environ.

10

Terminez en suivant les indications de la page 7.

ᴠARIANTES

✳ La tresse de base avec autant de fils qu'il vous plaît...
ᴘus vous prenez de fils, plus le bracelet sera épais.

✳ Vous pouvez réaliser une tresse avec 2 couleurs seulement,
ᴊouer avec le nombre de fils. La tresse aura alors un tout autre
ᴘect.

✳ La tresse devient bijou précieux lorsqu'on enfile des perles
ᴘr les fils au fur et à mesure du tressage.

11

LA SPIRALE

LEÇON N° 2

La spirale est formée d'une succession de nœuds qui tournent autour d[...]
fils centraux. Elle est composéee uniquement de doubles nœuds endroit[...]

FOURNITURES

⚬ 2 fils de coton Perlé DMC
de 180 cm :
• blanc (B5200)
• bleu (809)
• bleu clair (828)
• bleu vif (798)
• vert vif (704)
• rose vif (600)

ASTUCE

Pour un bracelet
avec 2 couleurs,
coupez 2 fils
de 180 cm.
Pour un bracelet avec
3 couleurs, il vous
faut 3 fils de 180 cm,
et ainsi de suite...

 Double nœud endroit > p. 4

Débutez en suivant les indications de la page 3.

1 • Les 2 fils de droite forment un nœud sur les 2 fils de gauche.

2 • Serrez ce premier nœud près de la boucle de départ.

3 • Formez des nœuds les uns derrière les autres. La spirale se forme d'elle-même au fur et à mesure.

BRACELETS BRÉSILIENS

5 ◆ Faites des séries de nœuds sur 16 cm en alternant les couleurs.

◆ Changez la couleur des fils à nouer et recommencez les nœuds.

Terminez en suivant les indications de la page 7.

LE BASIQUE

LEÇON N° 3

Ce bracelet est composé uniquement de doubles nœuds endroit. Serrez bien les nœuds les uns après les autres pour obtenir un bracelet régulier

FOURNITURES

* 2 fils de coton Perlé DMC
de 160 cm :
• blanc (B5200)
• rose clair (605)
• rose (603)
• rose foncé (602)
• rose vif (600)
* Charms ou petites breloques

ASTUCE

Les bracelets à 4 fils sont très fins, et c'est très joli d'en porter plusieurs, unis ou à rayures, dans une gamme de couleurs harmonieuse. Ajoutez des breloques et des charms, au fil de leur réalisation !

 Double nœud endroit > p. 4

Débutez en suivant les indications de la page 3.

1 * Intercalez les fils ansi : couleur 1/ couleur 2/ couleur 1/ couleur 2.

1　2　　1　2

2 * Le fil de gauche forme un double nœud endroit sur le fil suivant.

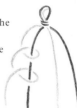

3 * Reprenez le même fil pour former un autre double nœud endroit sur le fil d'après.

4 * Terminez la ligne de nœuds en faisant un nœud sur le dernier fil.

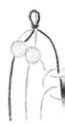

IMPORTANT
La façon dont les fils sont intercalé départ détermine le motif.

5 ✳ Prenez le
nouveau fil de
gauche et faites une
ligne de nœuds.

6 ✳ Enchaînez les
rangées de nœuds
sur 16 cm.

7 ✳ Ajoutez un charm
ou une breloque pour
compléter le bracelet
(voir page 52).

EXEMPLE

2 fils roses + 2 fils bleus =
2 rayures roses/2 rayures bleues

1 fil rose + 1 fil bleu + 1 fil rose + 1 fil bleu =
1 rayure rose/1 rayure bleue/1 rayure rose/
1 rayure bleue.

✳ *Terminez en suivant les indications de la page 7.*

LE MULTICOLORE

LEÇON N° 4

Ce bracelet est composé uniquement de doubles nœuds. C'est le
nombre de fils et de couleurs qui apporte variété et originalité.

FOURNITURES

BRACELET AVEC 6 FILS

✳ 3 fils de coton Perlé DMC
de 180 cm :
• bleu fluo (996)
• vert pâle (955)
• blanc (B5200)

BRACELET AVEC 8 FILS

✳ 4 fils de coton Perlé DMC
de 180 cm :
• violet (718)
• bleu fluo (996)
• vert pâle (955)
• blanc (B5200)

✳ ou bleu vif (798)
• bleu fluo (996)
• vert pâle (955)
• vert fluo (959)

 Double nœud endroit > p. 4

Débutez en suivant les indications de la page 3 et reportez-vous aux explications du Basique pages 16 à 19.

1 * Bracelet avec 6 fils et 3 couleurs.

2 * Bracelet avec 8 fils et 4 couleurs.

Pour tous ces bracelets, alternez les couleurs sur 16 cm.

1

Bracelet 6 fils = bleu fluo + vert pâle + blanc

2

Bracelet 8 fils = bleu vif + bleu fluo + vert pâle + vert fluo

3

Bracelet 8 fils = violet + bleu fluo + vert pâle + blanc

Terminez en suivant les indications de la page 7.

LE CHEVRON

LEÇON N° 5

Ce bracelet est une alternance de nœuds doubles endroit et de nœuds doubles envers. Suivez attentivement le motif, surtout si vous débutez.

FOURNITURES

* 2 fils de coton Perlé DMC de 180 cm :
• violet (718)
• bleu (809)

Motif chevron

 Double nœud endroit > p. 4   *Double nœud envers > p. 5*

Débutez en suivant les indications de la page 3.

1 * Disposez
les fils ainsi :
couleur 1/couleur 1/
couleur 2/couleur 2/
couleur 2/couleur 2/
couleur 1/couleur 1.

1 1 2 2   2 2 1 1

2 * Faites 3 doubles nœuds
endroit sur les 3 fils
de gauche.

3 * Faites 3 doubles
nœuds envers sur
les 3 fils de droite.

4 * Réunissez les deux
rangées par un double
nœud envers.

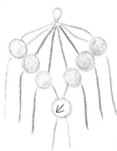

5 ＊ Continuez à faire
des double nœuds endroit
et envers à droite
et à gauche.

6 ＊ Réalisez des rangées
de doubles nœuds sur
16 cm.

Terminez en suivant les indications de la page 7.

LE CHEVRON MULTICOLORE

LEÇON N° 6

Ce bracelet est composé uniquement de doubles nœuds
endroit et de doubles nœuds envers. C'est le nombre de
fils et de couleurs qui apporte variété et originalité.

FOURNITURES

* 2 fils de coton Perlé DMC
de 180 cm :
• rose vif (601)
• rose (603)
• jaune (745)
• bleu (809)

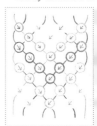

Motif multicolore

 Double nœud endroit > p. 4   *Double nœud envers > p. 5*

Débutez en suivant les indications de la page 3.

1 * Plus il y a de couleurs de fils, plus il faut faire attention à la façon dont les fils sont placés au début du bracelet.

2 * Faites 3 doubles nœuds endroit et 3 doubles nœuds envers de chaque côté et réunissez-les par un double nœud envers.

3 * Continuez les doubles nœuds endroit et les doubles nœuds envers sur les rangs suivants.

4 * En prenant
une couleur après
l'autre pour
les rangées de
doubles nœuds,
vous alternez
les couleurs des
chevrons.

5 * Enchaînez
les rangées de
doubles nœuds sur
16 cm en suivant
le diagramme.

* *Terminez en suivant les indications de la page 7.*

LE CHEVRON TRESSÉ

LEÇON N° 7

Suivez le motif et faites des doubles nœuds endroit puis des doubles nœuds envers, une section de couleur après l'autre.

FOURNITURES

* 2 fils de coton Perlé DMC
de 180 cm :
• rose vif (601)
• vert vif (702)
• vert pâle (955)

Motif tressé

 Double nœud endroit > p. 4

 Double nœud envers > p. 5

Débutez en suivant les indications de la page 3.

1 ✷ Prenez les deux fils du
milieu et faites un double
nœud envers.

2 ✷ Faites 2
doubles nœuds
envers avec les fils
de droite.

3 ✷ Prenez ensuite les fils
de gauche et faites
3 doubles nœuds endroit.

4 ✦ Faites
2 doubles
nœuds endroit
pour terminer
la section de
couleur de
gauche.

5 ✦ Continuez
ensuite en faisant
des doubles
nœuds envers avec
les fils de droite,
puis des doubles
nœuds endroit
avec les fils
de gauche,
sur 16 cm.

Terminez en suivant les indications de la page 7.

LE PLUMETIS

Ce bracelet est très simple à réaliser. Suivez cependant attentivement les logos pour faire les doubles nœuds dans le bon sens.

FOURNITURES

* 2 fils de coton Perlé DMC de 180 cm :
• bleu nuit (796)
• bleu vif (996)

• vert pâle (955)
• bleu vif (996)

• rose vif (601)
• bleu clair (3325)

 Double nœud endroit > p. 4

 Double nœud endroit-envers > p. 6

 Double nœud envers > p. 5

 Double nœud envers-endroit > p. 6

Débutez en suivant les indications de la page 3.

1 ✳ Prenez les deux fils du milieu et faites un double nœud endroit.

2 ✳ Faites des doubles nœuds endroit-envers et envers-endroit avec les fils des côtés.

3 ✳ Faites des doubles nœuds endroit et envers comme indiqué sur le diagramme.

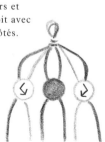

4 * Faites des doubles nœuds endroit et envers sur les côtés.

5 * Faites des doubles nœuds comme indiqué sur le diagramme. Continuez ainsi sur 16 cm.

Terminez en suivant les indications de la page 7.

LE CŒUR

Que vous preniez un camaïeu de couleurs ou des teintes contrastées, ce bracelet est très facile à réaliser... un petit présent à offrir.

FOURNITURES

Motif cœur

* 2 fils de coton Perlé DMC
de 180 cm :
• rose vif (601)
• rose pâle (605)

 Double nœud endroit > p. 4

 Double nœud endroit-envers > p. 6

 Double nœud envers > p. 5

 *Double nœud envers-endroit > p. 6*

Débutez en suivant les indications de la page 3.

1 * Prenez les deux fils de gauche et faire un double nœud endroit-envers. Prenez les deux fils de droite et faire un double nœud envers-endroit.

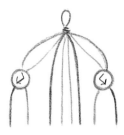

2 * Faites des doubles nœuds endroit et envers au centre.

3 * Suivez le diagramme pour former le cœur.

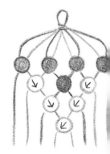

* Faites des
doubles nœuds
comme indiqué
sur le diagramme
pour former la
pointe du cœur.

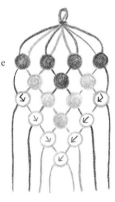

5 * Reprenez
à l'étape 3 et
continuez toujours
ainsi sur 16 cm.

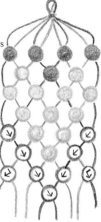

Terminez en suivant les indications de la page 7.

LE CROISILLON

Ce bracelet est très simple à réaliser. Il faut cependant être attentif à faire les doubles nœuds dans le bon sens pour que le motif soit regulier.

FOURNITURES

* 2 fils de coton Perlé DMC
de 180 cm :
• violet (718)
• blanc (B5200)
• parme (340)

 Double nœud endroit > p. 4   *Double nœud envers > p. 5*

Débutez en suivant les indications de la page 3.

1 * Prenez les 4 fils du
milieu et faites des doubles
nœuds envers et endroit.

2 * Réunissez les
2 fils du centre par
un double nœud
endroit.

3 * Les croisillons sont
formés par des diagonales
de doubles nœuds endroit
et envers.

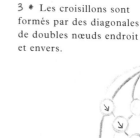

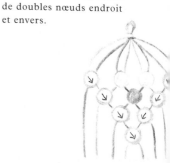

4 * Faites des
doubles nœuds
endroit et envers
sur les côtés.

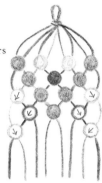

5 * Continuez
sur 16 cm en
reprenant les
étapes 3 et 4.

* Terminez en suivant les indications de la page 7.

LE DIAMANT

LEÇON N° 11

Pour que ce bracelet soit plus subtil, réalisez-le dans un camaïeu de trois couleurs. Placez la teinte la plus claire au centre du motif pour donner de la profondeur à celui-ci.

FOURNITURES

* 2 fils de coton Perlé DMC de 200 cm :
• bleu vif (798)
• bleu fluo (996)
• blanc (B5200)

Motif diamant

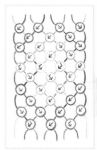

 Double nœud endroit > p. 4

 Double nœud endroit-envers > p. 6

 Double nœud envers > p. 5

 Double nœud envers-endroit > p. 6

Débutez en suivant les indications de la page 3.

1 * Commencez en faisant un double nœud endroit et un double nœud envers avec les 2 fils de chaque côté.

2 * Faites des diagonales de doubles nœuds à droite et à gauche.

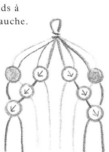

3 * Faites un double nœud envers-endroit à gauche et un double nœud endroit-envers à droite.

Faites des
doubles nœuds
comme indiqué
sur le diagramme
en faisant bien
attention au sens
des nœuds.

5 ❊ Formez les
« diamants » les
uns après les
autres sur 16 cm.

Terminez en suivant les indications de la page 7.

LE PERLÉ

Ce bracelet est une variante du basique (voir pages 16 à 21). Il se prête parfaitement à l'ajout de perles. Laissez parler votre imagination.

FOURNITURES

BRACELET VIOLET
* 2 fils de coton Perlé DMC
de 180 cm :
• violet (718)
* 10 perles bleues
de 4 mm de diamètre

BRACELET BLEU FLUO
* bleu fluo (996)
* 3 perles étoiles argent

 Double nœud endroit > p. 4

Débutez en suivant les indications de la page 3.

1 * Commencez
le bracelet comme
expliqué à la page 18.
Enfilez une petite
perle en début de
rang, puis faites une
rangée de doubles
nœuds endroit.

2 * Continuez les rangées
de doubles nœuds endroit
et les ajouts de perles sur
16 cm en tout.

Terminez en suivant les indications de la page 7.

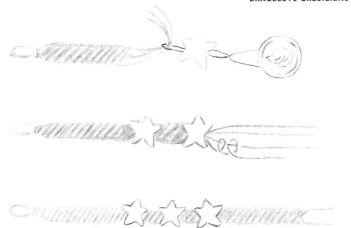

VARIANTES

* Commencez le bracelet comme expliqué à la page 18. Au tiers du bracelet, aidez-vous d'un enfile-aiguille pour glisser les 4 fils dans une perle étoile.

2 * Faites 3 rangs de doubles nœuds endroit entre les perles étoiles.

3 * Faites des doubles nœuds endroit sur 16 cm en tout.

TABLE DES MATIÈRES

CARNET D'ADRESSES

Hema
www.hema.fr

Claire's
www.claires.fr

La Grande Épicerie Paris
www.lagrandeepicerie.fr

DMC
www.dmc.fr

Édité par Hachette Livre
(43, quai de Grenelle, Paris Cedex 15)
© Hachette livre (Marabout) 2012
Imprimé par Impresia-Cayfosa, Espagne
Dépôt légal : juillet 2012
ISBN : 978-2-501-04478-3
40-9421-5/02

Mise en pages : emigreen.com
Réalisation des bracelets : Christine Toufflet

Pour l'éditeur le principe est d'utiliser des papiers composés de fibres naturelles, renouvelables, recyclables et fabriquées à partir de bois issus de forêts qui adoptent un système d'aménagement durable. En outre, l'éditeur attend de ses fournisseurs de papier qu'ils s'inscrivent dans une démarche de certification environnementale reconnue.